Lao Tse

Tao-Te-King

Neu ins Deutsche übertragen
von Hans Knospe
und Odette Brändli
Mit einem Nachwort
von Knut Walf

Diogenes

Diese Ausgabe erschien erstmals 1985
im Diogenes Verlag

Veröffentlicht als
Kleines Diogenes Taschenbuch, 1996

500/96/51/1
ISBN 3 257 70048 2

I

I

Der Weg, von dem wir sprechen können,
ist nicht der ewige Weg;
der Name, den wir nennen können,
ist nicht der ewige Name.
Das Namenlose ist der Anfang
von Himmel und Erde;
das Namentragende ist die Mutter
der zehntausend Dinge.

Wer wunschlos ist,
kann das Wunder des Weges erkennen;
wer Wünsche hat,
wird nur Scheinbares entdecken.
Diese beiden entspringen der gleichen
Quelle, aber sie tragen verschiedene
Namen. In ihrer Einheit sind sie ein
Geheimnis, ein unendliches Geheimnis –
das Tor aller Wunder.

2

Unter diesem Himmel
können alle Menschen das Schöne
als schön erkennen,
denn es gibt ja auch das Häßliche;
alle Menschen können das Gute als gut
erkennen,
denn es gibt ja auch das Böse.
Sein und Nichtsein erzeugen einander,
Schwieriges und Einfaches ergänzen sich,
lang und kurz gestalten einander,
hoch und tief streben zueinander,
Stimme und Klang harmonieren
miteinander,
Vorderseite und Rückseite folgen
einander.

Deshalb verweilt der Weise
bei allem, was er tut, im Nicht-Tun
und lehrt nicht durch Worte.

Die zehntausend Dinge gehen aus dem
Weg hervor,
doch er erhebt keinen Anspruch auf
Macht;
er schenkt ihnen Leben,
doch er erhebt keinen Anspruch auf
Besitz;
er hilft ihnen,
doch er verlangt keinen Dank;
er vollendet sein Werk,
doch er erhebt keinen Anspruch auf Ehre.
Weil er keinen Anspruch auf Ehre erhebt,
kommt ihm stets Ehre zu.

3

Wer Menschen, die Ansehen genießen, nicht ehrt,
bewirkt, daß das Volk nicht streitet;
wer schwer zu erlangenden Gütern keinen Wert beimißt,
bewirkt, daß das Volk nicht stiehlt;
wer Begehrenswertes nicht zur Schau stellt,
bewirkt, daß die Herzen des Volkes nicht in Verwirrung geraten.

Deshalb leert der Weise die Herzen,
wenn er das Volk regiert,
doch er füllt die Bäuche;
er schwächt den Willen,
doch er stärkt die Knochen.
Er bewirkt, daß das Volk
ohne Wissen und ohne Wünsche bleibt,
und sorgt dafür, daß die Besserwisser
sich nicht einzumischen wagen.

Verweile bei allem, was du tust, im
Nicht-Tun,
und es wird Ordnung herrschen.

4

Der Weg ist wie ein leeres Gefäß,
man schöpft aus ihm,
doch er bleibt unerschöpflich.
Er ist ein Abgrund,
der Ursprung der zehntausend Dinge.

Er mildert die Schärfen,
Löst die Knoten,
schwächt den blendenden Glanz,
wischt den Staub fort.

Der Weg verbirgt sich,
aber er ist immer gegenwärtig.
Ich weiß nicht, woher er kommt.
Er ist das ursprüngliche Bild vom
Ursprung des Himmels.

5

Himmel und Erde nehmen keine
Rücksicht und behandeln die zehntausend
Dinge
wie Opfertiere aus Stroh;
der Weise nimmt keine Rücksicht
und behandelt die Menschen
wie Opfertiere aus Stroh.

Der Raum zwischen Himmel und Erde
ist wie ein Blasebalg:
leer und doch unerschöpflich;
je mehr man drückt,
desto mehr kommt heraus.

Viele Worte führen unweigerlich zum
Schweigen.
Es ist besser, beim Nichts zu bleiben.

6

Der Geist des Tals stirbt nie.
Er ist die weiblich-ursprüngliche Mutter.
Ihr Tor ist die Wurzel
von Himmel und Erde.
Er verbirgt sich,
aber er ist immer gegenwärtig.
Man schöpft aus ihm,
doch er bleibt unerschöpflich.

7

Himmel und Erde
überdauern alle Zeit.
Sie überdauern alle Zeit,
weil sie nicht um ihrer selbst willen leben.
Deshalb können sie immer leben.

Der Weise tritt zurück,
und gerade deshalb ist er so weit voraus.
Er gibt sein Selbst auf,
und gerade deshalb bleibt es erhalten.
Weil er sein Selbst vergißt,
kann er sein Selbst finden.

8

Das höchste Gute gleicht dem Wasser.
Weil Wasser den zehntausend Dingen nützt,
ohne mit ihnen zu streiten,
und selbst dahin fließt,
wo kein Mensch sein mag,
kommt es dem Weg nahe.

Beim Wohnen ist der geeignete Platz wesentlich,
beim Denken die Tiefe,
beim Umgang mit andern die Güte,
beim Reden die Ehrlichkeit,
beim Regieren die Gerechtigkeit,
beim Arbeiten das Können,
beim Handeln der richtige Zeitpunkt.

Wo kein Streit ist,
da ist auch keine Schuld.

9

Es ist besser,
ein Glas nur halb zu füllen
und nicht bis zum Rand.

Wenn die Klinge zu scharf ist,
ist sie schnell wieder stumpf;
wenn ein Laden voller Gold und
Edelsteine ist,
ist es fast unmöglich, ihn zu schützen;
wer nach Titeln und Reichtum strebt,
dem folgt das Unglück ganz von selbst.

Zieh dich zurück,
wenn die Arbeit getan ist:
Das ist der Weg des Himmels.

10

Kannst du die Gegensätze in dir
vereinigen und die Einheit umfangen,
ohne loszulassen?
Kannst du dich auf deinen Atem
konzentrieren und zart werden wie ein
Säugling?
Kannst du den dunklen Spiegel in dir
reinigen und ihn makellos erhalten?
Kannst du die Menschen lieben
und den Staat regieren
und beim Nicht-Tun bleiben?
Wenn sich die Tore des Himmels öffnen
und schließen,
kannst du dann bei der Rolle des
Weiblichen verweilen?
Wenn deine Erleuchtung alles
durchdringt,
kannst du dann ohne Wissen bleiben?

Der Weg schenkt den zehntausend
Dingen Leben,
und er ernährt sie;
er schenkt ihnen Leben,
doch er erhebt keinen Anspruch auf
Besitz;
er hilft ihnen,
doch er verlangt keinen Dank;
er ist der Meister,
doch er übt keine Macht aus.
Dies nennt man die ursprüngliche
Tugend.

11

Dreißig Speichen gehören zu einer Nabe,
doch erst durch das Nichts in der Mitte
kann man sie verwenden;
man formt Ton zu einem Gefäß,
doch erst durch das Nichts im Innern
kann man es benutzen;
man macht Fenster und Türen für
das Haus,
doch erst durch ihr Nichts in den
Öffnungen erhält das Haus seinen Sinn.

Somit entsteht der Gewinn
durch das, was da ist,
erst durch das, was nicht da ist.

12

Die fünf Farben machen das Auge blind;
die fünf Töne machen das Ohr taub;
die fünf Geschmacksarten machen den Gaumen unempfindlich;
Rennen und Jagen machen den Geist verrückt;
schwer zu erlangende Güter verwirren das Herz.

Deshalb ist der Weise für den Bauch
und nicht für das Auge.
Er läßt das eine
und zieht das andere vor.

13

Gnade und Ungnade sind etwas
Erschreckendes;
Ehre ist wie der Körper eine Quelle
vieler Sorgen.
Was heißt denn:
Gnade und Ungnade sind etwas
Erschreckendes?
Wird jemandem eine Gnade erwiesen,
ist das genauso erschreckend,
wie wenn sie ihm entzogen wird.
Das heißt:
Gnade und Ungnade sind etwas
Erschreckendes.
Was heißt denn:
Ehre ist wie der Körper eine Quelle vieler
Sorgen?
Ich habe Sorgen, weil ich einen Körper
habe.
Bin ich erst ohne Körper, wie könnte ich
da Sorgen haben?

Darum:
Wer seinen Körper mehr achtet
als die Herrschaft über das Reich,
dem kann das Reich anvertraut werden.
Wer seinen Körper mehr liebt
als die Herrschaft über das Reich,
dem kann das Reich übergeben werden.

14

Schau hin, du wirst es nicht sehen –
man nennt es: unsichtbar.
Horche, du wirst es nicht hören –
man nennt es: unhörbar.
Greif danach, du wirst es nicht fassen –
man nennt es: unfaßbar.

Diese drei sind unergründlich,
deshalb sind sie zu einem Einzigen
miteinander verbunden.
Es strahlt nicht von oben,
und doch ist es von unten her nicht
dunkel.
Wie ein unendlicher Faden,
und doch nicht zu beschreiben.
Es kehrt zurück ins Nichts.
Man nennt es: die Gestalt des
Gestaltlosen,
das Bild des Wesenlosen;
unvorstellbar

und jenseits aller Phantasie.
Du stehst davor, doch du siehst sein
Gesicht nicht,
du folgst ihm, doch du siehst seinen
Rücken nicht.

Bleib auf dem uralten Weg,
um das Reich der Gegenwart zu meistern.
Die Fähigkeit, den Anfang allen Seins zu
erkennen,
nennt man den Faden, der sich durch den
Weg zieht.

15

Die wegkundigen Meister der Antike
waren feinfühlig, geheimnisvoll
verstehend
und zu tiefgründig, um verstanden zu
werden.
Weil sie nicht verstanden wurden,
kann nur ihr Verhalten beschrieben
werden:
zögernd und vorsichtig
wie Leute, die im Winter über das
gefrorene Wasser gehen;
wachsam
wie Menschen, die ihre Nachbarn
fürchten;
zurückhaltend
wie ein Gast;
nachgiebig
wie schmelzendes Eis;
schlicht und einfach
wie ein unbehauener Holzklotz;

weit und leer
wie ein Tal;
undurchsichtig
wie schlammiges Gewässer.

Wer kann schon ruhig warten,
bis sich der Schlamm gesetzt hat?
Wer kann das Ruhende bewegen,
bis es sich allmählich belebt?

Wer dem uralten Weg folgt,
strebt nicht nach Fülle.
Weil er ohne Fülle bleibt,
kann er zwar wie abgetragen
und doch erneuert sein.

Ich tue mein Äußerstes, um leer zu
werden,
und versenke mich tief in die Stille.
Die zehntausend Dinge kommen und
gehen,
wenn dein Selbst darauf achtet.
Sie wachsen und blühen
und kehren zu ihrem Ursprung zurück.
Zum Ursprung zurückkehren heißt:
in die Stille gehen.
In die Stille gehen heißt:
zu seiner Bestimmung zurückkehren.
Zu seiner Bestimmung zurückkehren
heißt: das Ewige erkennen.
Das Ewige erkennen heißt: erleuchtet sein.

Weh dem, der mit Absicht handelt,
ohne das Ewige zu erkennen!
Doch wer das Ewige erkennt und danach
handelt,

dessen Tun führt zu Gerechtigkeit,
Gerechtigkeit zu einem königlichen
Wesen,
das königliche Wesen zum Himmel,
der Himmel zum Weg,
der Weg zur Ewigkeit.

Auch wenn der Körper stirbt –
der Weg währt ewig.

Den allerhöchsten Herrscher
können die Menschen nur ahnen;
dann erst kommt der, den sie kennen
und lieben;

dann der, den sie fürchten;
dann der, den sie verachten.

Wer nicht genug Vertrauen hat,
dem wird man auch nicht vertrauen.

Er spricht zögernd
und geht nicht leichtfertig mit
Worten um.
Ist sein Werk vollendet und seine Arbeit
getan,
so sagen alle Menschen:
»Es geschah wie von selbst.«

18

Wird der große Weg nicht mehr benutzt,
gibt es Güte und Gerechtigkeit;
wenn die Klugheit auftaucht,
gibt es große Heuchelei;
wenn zwischen den sechs Verwandten Zwist herrscht,
gibt es pflichtbewußte Kinder;
wenn der Staat unwissend ist,
gibt es treue Beamte.

19

Gib die Heiligkeit auf
und verzichte auf Weisheit;
das ist für alle hundertmal besser.

Gib die Güte auf
und verzichte auf Gerechtigkeit,
und alle Menschen werden die Liebe neu
entdecken.
Gib die Findigkeit auf
und verzichte auf Gewinnsucht,
und Räuber und Diebe werden
verschwinden.

Mit diesen drei, die falscher Schmuck sind,
ist es nicht genug;
die Menschen müssen etwas haben,
das ihnen Halt gibt:
Entfalte das Schlichte und mach dir das
Wesen
des unbehauenen Holzklotzes zu eigen,

vermindere deine Selbstsucht
und gib auf die Begierden.

Gib das Lernen auf,
und deine Sorgen haben ein Ende.
Besteht denn ein Unterschied zwischen
ja und nein?
Wie weit sind denn das Gute und das Böse
voneinander entfernt?
Soll ich mich fürchten,
nur weil sich andere fürchten –
das wäre doch Unsinn!
O Einsamkeit, wie lange dauerst du!

Andere Menschen sind vergnügt,
als ob sie festlich einen Ochsen brieten
oder im Frühling in den Park gingen
und auf schönen Terrassen bummelten.
Ich aber treibe dahin, allein,
ohne zu wissen, wer ich bin,
wie ein neugeborenes Kind,
bevor es das erste Lachen lernt.
Ich bin allein und habe keinen Platz,

wohin ich gehen könnte.
Die Menschen haben mehr, als sie
brauchen,
ich allein scheine nichts zu besitzen.
Mein Sinn ist wie der eines Narren – leer.
Die andern sind lustig und froh,
ich allein bin trübe und kraftlos.
Die andern sind scharfsinnig und klug,
ich allein bin langweilig und dumm.

Ich treibe dahin wie die Wellen des
Meeres, ohne Richtung, wie ein Wind,
der nie verebbt.
Die andern haben alle ein Ziel,
ich allein bin unwissend und ungebildet.
Ich bin anders als alle andern,
aber die Große Mutter
hegt und pflegt mich.

21

Die größte Tugend ist es, dem Weg zu folgen
und nur diesem Weg.

Das, was Weg genannt wird,
ist unfaßbar und unvorstellbar.
Unvorstellbar und unfaßbar,
und doch ist in ihm ein Bild;
unfaßbar und unvorstellbar,
und doch ist in ihm ein Wesen;
unergründlich und dunkel,
und doch ist in ihm ein Geist.
Sein Geist ist die Wirklichkeit,
und darin liegt Vertrauen.
Vom Anfang der Zeit bis heute
wurde sein Name nicht vergessen,
weil er den Anfang aller Dinge bewirkt.
Wie erkenne ich denn sonst,
daß er den Anfang aller Dinge bewirkt,
wenn nicht gerade dadurch.

Sich unterwerfen und sich somit ganz
bewahren;
sich beugen und somit gerade sein;
leer und somit voll sein;
abgetragen und somit erneuert sein;
wenig haben und somit empfangen;
viel haben und somit in Verwirrung
geraten.

Weil das alles so ist,
umfaßt der Weise die Einheit
und ist ein Vorbild für die Welt.
Weil er sich nicht hervortut,
wird er anerkannt;
weil er sich selbst nicht recht gibt,
wird er geehrt;
weil er sich seiner Verdienste nicht rühmt,
kommen ihm Verdienste zu;
weil er nicht prahlt,
wird er lange hochgeachtet;

weil er nicht streitet,
streitet auch niemand in der Welt mit ihm.

Wenn unsere Vorfahren sagten:
»Sich unterwerfen und sich somit ganz
bewahren«,
so sind das keine leeren Worte gewesen.
Auf diese Weise kann man sich bis zum
Ende ganz bewahren.

23

Nicht viele Worte machen heißt natürlich sein.
Ein Wirbelsturm dauert nicht den ganzen Morgen
und ein Regenschauer nicht den ganzen Tag.
Wer macht sie?
Himmel und Erde.
Wenn schon Himmel und Erde nichts auf Dauer machen,
wieviel weniger vermag es dann der Mensch?
Deshalb folgt man dem Weg.

Wer dem Weg folgt,
wird eins mit dem Weg;
wer tugendhaft ist,
wird eins mit der Tugend;
wer sie verliert,
wird eins mit dem Verlust.

Wenn du eins bist mit dem Weg,
wirst du vom Weg mit Freuden
aufgenommen;
wenn du eins bist mit der Tugend,
wirst du von der Tugend mit Freuden
aufgenommen;
wenn du eins bist mit dem Verlust,
wirst du vom Verlust mit Freuden
aufgenommen.

Wer nicht genug Vertrauen hat,
dem wird man auch nicht vertrauen.

Wer auf den Zehenspitzen steht,
steht nicht fest;
wer mit gespreizten Beinen geht,
kommt nicht vorwärts;
wer sich hervortut,
wird nicht anerkannt;
wer sich selbst recht gibt,
wird nicht geehrt;
wer sich seiner Verdienste rühmt,
dem kommen keine Verdienste zu;
wer prahlt,
wird nicht hochgeachtet.

Aus der Sicht des Weges
ist dies wie übermäßiges Essen
und wie nutzloses Bemühen.
Darum gilt folgendes:
wer dem Weg folgt,
der läßt das alles zurück.

Es gibt ein chaotisch gestaltetes Wesen,
das war schon vor Himmel und Erde.
Still und leer,
steht es allein und verändert sich nicht,
kreist es und erschöpft sich nicht.
Vielleicht ist es die Mutter der
zehntausend Dinge.
Ich kenne seinen Namen nicht,
daher nenne ich es den Weg.
Ich finde keinen besseren Namen
und bezeichne es als groß.

Es ist groß,
und es fließt dahin,
es fließt immer weiter,
und auch wenn es wegfließt,
kommt es zurück.

Der Weg ist groß,
der Himmel ist groß,

die Erde ist groß,
und auch der Mensch ist groß.
Dies sind die vier großen Kräfte des Universums,
und der Mensch ist eine davon.

Der Mensch folgt der Erde,
die Erde folgt dem Himmel,
der Himmel folgt dem Weg,
der Weg folgt seiner eigenen Natur.

Das Schwere ist die Wurzel des Leichten;
die Stille ist die Herrin der Unruhe.

Darum läßt der Weise,
selbst wenn er tagelang reist,
sein Fahrzeug nicht aus den Augen.
Und gibt es auch noch soviel Schönes zu
besichtigen,
er bleibt gelassen und ruhig.

Wie könnte ein Herrscher über
zehntausend Kampfwagen
um seiner selbst willen
leichtfertig mit dem Reich umgehen?
Geht er leichtfertig damit um,
verliert er die Wurzel;
ist er unruhig,
verliert er die Herrschaft.

27

Ein guter Wanderer hinterläßt keine
Spuren;
ein guter Redner verspricht sich nicht;
ein guter Rechner braucht keine
Rechenstäbchen;
eine gute Tür braucht kein Schloß,
und doch kann sie niemand so leicht
öffnen;
was gut geschnürt ist, braucht keinen
Knoten,
und geht doch nicht auf.

Deshalb sorgt sich der Weise um alle
Menschen;
keiner ist ihm gleichgültig.
Er sorgt sich um alle Dinge;
nichts ist ihm gleichgültig.
Das nennt man: erleuchtet sein.

So ist der gute Mensch
der Lehrer des nichtguten Menschen,
und der nichtgute Mensch
ist der Stoff, mit dem der gute arbeitet.
Wer seinen Lehrer nicht ehrt,
wer seinen Stoff nicht liebt,
ist, obwohl er klug wirkt, zutiefst
verwirrt.
Dies nennt man das Wesentliche und das
Geheimnis.

Erkenne das Männliche,
aber bewahre das Weibliche,
und sei eine Zuflucht für die Welt.
Bist du eine Zuflucht für die Welt,
wird dich die ewige Tugend nicht
verlassen,
und du wirst wieder sein wie ein Kind.

Erkenne das Licht,
aber bewahre das Dunkle,
und sei ein Vorbild für die Welt.
Bist du ein Vorbild für die Welt,
wird dir die ewige Tugend nicht mangeln,
und du wirst in die Unendlichkeit
zurückkehren.
Erkenne die Ehre,
aber bewahre die Schande,
und sei ein Tal für die Welt.
Bist du ein Tal für die Welt,
wird dir die ewige Tugend genügen,

und du wirst wieder zur Schlichtheit
des unbehauenen Holzklotzes
zurückkehren.

Wenn das Holz geschnitten ist,
kann es verwendet werden;
wenn der Weise es braucht,
wird er zum Herr der Beamten.
In diesem Sinn gilt auch das Sprichwort:
ein guter Schneider hat wenig Verschnitt.

Willst du die ganze Welt besitzen?
Glaubst du, daß du die Welt verbessern
kannst?
Ich glaube nicht, daß das möglich ist.
Das Universum ist heilig, so wie es ist.
Du kannst es nicht besser machen.
Wenn du es versuchen würdest,
du würdest es zerstören,
und wenn du versuchst,
es festzuhalten und zu besitzen,
dann wirst du es verlieren.

Denn:
die einen führen, die andern folgen;
die einen atmen leicht, die andern schwer;
die einen sind stark, die andern schwach;
die einen zerstören, die andern werden
zerstört.

Darum vermeidet der Weise
Übertreibung, Überspanntheit und
Überheblichkeit.

Wenn du jemals einen Führer dieser Welt
im Sinne des Weges beraten solltest,
dann sag ihm,
daß er die Welt
nie durch Waffengewalt einschüchtern
darf,
denn das könnte auf ihn zurückfallen.

Wo ein Kriegsheer lagerte,
blühen nur noch Dornbüsche;
auf einen langen Krieg
folgen schlechte Jahre.

Der Gute siegt, und damit ist es genug,
aber er wagt nicht,
durch Waffengewalt einzuschüchtern;
er siegt, aber er prahlt nicht;
er siegt, aber er ist nicht hochmütig;
er siegt, aber nur, wenn es nicht anders
geht;

er siegt, aber er wendet nur soweit nötig
Gewalt an.

Wenn das Starke dem Schwachen Gewalt
antut,
so heißt das: es stellt sich gegen den Weg.
Was sich gegen den Weg stellt,
wird sehr bald zu Ende gehen.

31

Waffen sind Instrumente des Unheils
und werden von allen Geschöpfen gehaßt.
Wer dem Weg folgt,
besteht deshalb nicht auf ihrem Gebrauch.

Der Edle bevorzugt die linke Hand, wenn
er zu Hause ist,
aber die rechte, wenn er in
den Krieg zieht.
Waffen sind Instrumente des Unheils
und nicht die Instrumente des Edlen.
Ist man gezwungen, sie zu gebrauchen,
so ist es am besten, wenn man keinen
Gefallen daran findet.
Ein Sieg ist kein Grund für laute Freude;
wer sich dennoch über einen Sieg freut,
der hat auch Freude am Töten von
Menschen.
Wer Freude hat am Töten von Menschen,
kann sein Ziel in der Welt nicht erreichen.

Bei Freudenfesten ist der Ehrenplatz
links,
bei Trauerfeiern ist er rechts;
bei der Armee steht der Leutnant links
und der General rechts.
Das bedeutet:
ein Krieg ist vergleichbar mit einem
Begräbnis.
Wenn viele Menschen getötet werden,
sollte man sie mit Tränen des Mitleids
beweinen.
Aus diesem Grund läßt sich ein Sieg im
Krieg mit einem Begräbnis vergleichen.

32

Der Weg ist ewig namenlos.
Obwohl sein Wesen einfach wie ein unbehauener Holzklotz ist,
wagt niemand in der Welt,
über ihn zu herrschen.

Wenn es Königen und Fürsten dieser Welt gelingt,
die ursprüngliche Einfachheit
des unbehauenen Holzklotzes zu bewahren,
werden die zehntausend Dinge von selbst gehorchen;
Himmel und Erde werden sich vereinigen,
ein ganz weicher Regen wird niedergehen,
und die Menschen brauchen keine Anweisungen mehr:
alles ist von sich aus in Ordnung.
Erst wenn er behauen wird,
tauchen die Namen auf;

sobald es Namen gibt,
sollte man erkennen,
daß es an der Zeit ist innezuhalten.
Wer weiß, wann er innehalten muß,
kann Gefahr vermeiden.
Der Weg ist wie ein Fluß:
er fließt zurück in seine Heimat,
er fließt zurück in den Ozean.

Wer andere kennt, ist klug;
wer sich selbst kennt, ist erleuchtet.
Wer andere überwindet, hat Kraft;
wer sich selbst überwindet, ist stark.
Wer weiß, daß er genug hat, ist reich.
Wer nicht aufgibt, zeigt Willensstärke.
Wer seinen Ort nicht verliert, wird nicht
untergehen.
Wer stirbt, ohne sich selbst aufzugeben,
bleibt ewig ein Teil des Lebens.

34

Der große Weg führt überallhin,
nach beiden Seiten, links und rechts;
die zehntausend Dinge verdanken ihm ihr
Dasein,
doch er erhebt keinen Anspruch auf
Macht.
Er vollendet sein Werk,
doch er erhebt keinen Anspruch auf Ehre.
Er hegt und pflegt die zehntausend Dinge,
doch er beansprucht nicht, ihr Herr
zu sein.
Weil er ewig wunschlos ist,
kann er klein genannt werden;
aber weil er, wenn die zehntausend Dinge
sich ihm zuwenden,
nicht beansprucht, ihr Herr zu sein,
kann er groß genannt werden.
Er strebt nicht nach Größe,
deshalb kann er seine Größe
verwirklichen.

Wer das große Bild umfaßt,
zu dem kommt die Welt.
Sie kommt zu ihm und nimmt keinen
Schaden
und findet Ruhe, Frieden, Seligkeit.
Musik und Nahrung
verleiten den Wanderer zum Anhalten.

Der Weg, der aus dem Mund hervorgeht,
ist ohne Würze;
er ist nicht zu sehen,
er ist nicht zu hören,
man schöpft aus ihm,
doch er bleibt unerschöpflich.

Was du verkleinern willst,
mußt du erst strecken;
was du schwächen willst,
mußt du erst stärken;
was du aufgeben willst,
mußt du erst aufbauen;
wo du nehmen willst,
mußt du erst geben;
das nennt man klares Erkennen:
das Weiche und Schwache
wird das Harte und Starke besiegen.

Ein Fisch darf das tiefe Wasser nicht
verlassen,
und ein Land
darf seine Waffen nicht zur Schau stellen.

37

Der Weg bleibt immer im Zustand des Nicht-Tuns,
und doch gibt es nichts, das ungetan bliebe.
Wenn es Königen und Fürsten dieser Welt gelingt,
dem Weg zu folgen,
wandeln sich die zehntausend Dinge von selbst.
Begehren sie zu handeln,
nachdem sie sich gewandelt haben,
werde ich die Begierden mit dem Gewicht
des namenlosen unbehauenen Holzklotzes niederhalten.
Der namenlose unbehauene Holzklotz
ist nichts anderes als Nicht-Begehren;
wenn ich zu begehren aufhöre und still bleibe,
ist die Welt von sich aus
im Zustand der Ruhe und des Friedens.

II

38

Ein wirklich tugendhafter Mensch
bemüht sich nicht um seine Tugend,
darum ist er tugendhaft.
Ein scheinbar tugendhafter Mensch
bemüht sich dauernd um seine Tugend,
darum ist er nicht wirklich tugendhaft.
Ein wirklich tugendhafter Mensch
pflegt das Nicht-Tun,
und doch bleibt bei ihm nichts ungetan.
Ein scheinbar tugendhafter Mensch
will dauernd etwas tun,
und doch bleibt vieles ungetan.

Ein wirklich gütiger Mensch
pflegt das Tun,
aber er hat keinen Beweggrund.
Ein wirklich gerechter Mensch
pflegt das Tun,
aber er hat einen Beweggrund.
Ein wirklich moralischer Mensch

pflegt das Tun,
und wenn er kein Echo findet,
krempelt er die Ärmel hoch
und versucht, durch Gewalt zu
überzeugen.

Als der Weg verlorenging, tauchte die
Tugend auf;
als die Tugend verlorenging, tauchte die
Güte auf;

als die Güte verlorenging,
tauchte die Gerechtigkeit auf;
als die Gerechtigkeit verlorenging,
tauchte die Moral auf.

Die Moral ist eine Verkümmerung von
Vertrauen und Treue
und der Anfang der Verwirrung;
das Wissen um die Zukunft
ist nur eine blühende Falle am Rande
des Weges

und der Anfang der Torheit.
Darum lebt der Weise in der Wirklichkeit
und nicht an der Oberfläche.
Er lebt im Sein
und nicht im Schein.
Er läßt das eine
und zieht das andere vor.

39

Vor langer Zeit erlangten viele Wesen
die Einheit:
Dank der Einheit ist der Himmel klar;
dank der Einheit ist die Erde fest;
dank der Einheit sind die Götter mächtig;
dank der Einheit ist das Tal fruchtbar;
dank der Einheit sind Könige und Fürsten
das Vorbild der Welt.
Das alles geschieht durch die Tugend der
Einheit.
Ohne das, was den Himmel klar macht,
würde er bersten;
ohne das, was die Erde fest macht,
würde sie untergehen;
ohne das, was die Götter mächtig macht,
würden sie sich erschöpfen;
ohne das, was das Tal fruchtbar macht,
würde es austrocknen;
ohne das, was die zehntausend Dinge
lebendig macht;

würden sie zugrunde gehen;
ohne das, was Könige und Fürsten
zum Vorbild der Welt macht,
würden sie stürzen.

Denn das Bescheidene ist die Wurzel des
Vornehmen;
das Niedrige ist das Fundament des
Hohen.

Darum bezeichnen sich Könige und
Fürsten als elternlos, gattenlos und ohne
Eigentum. Machen sie somit nicht die
Bescheidenheit zu ihrer Wurzel?

Höchster Ruhm ist ohne Ruhm:
man wünscht weder sich hervorzutun
wie Jade noch unnahbar zu sein wie Stein.

40

Genau entgegengesetzt
ist die Richtung des Weges;
nachgeben
ist seine Art und Weise.

Die zehntausend Dinge entstehen aus dem
Sein, und das Sein entsteht aus dem
Nichtsein.

Wenn der gute Schüler vom Weg hört,
befolgt er ihn fleißig;
wenn der durchschnittliche Schüler vom
Weg hört,
beschäftigt er sich hin und wieder damit;
wenn der dumme Schüler vom Weg hört,
lacht er aus vollem Hals.
Wenn niemand darüber lachen würde,
wäre der Weg nicht das, was er ist.

Daraus ergibt sich folgendes:

Der helle Weg erscheint dunkel;
sich vorwärts bewegen erscheint wie
rückwärts gehen;
der einfache Weg erscheint schwer;
die höchste Tugend ist wie das Tal;
die höchste Reinheit erscheint besudelt;
reich an Tugend zu sein erscheint
unvollständig;

die Kraft der Tugend erscheint leicht
zerbrechlich;
wirkliche Tugend erscheint unwirklich.
Das perfekte Quadrat hat keine Ecken;
große Talente kommen spät zur Reife;
die höchsten Töne sind schwer zu hören;
die schönste Form ist ohne Gestalt.

Der Weg verbirgt sich in Namenlosigkeit.
Doch nur der Weg ernährt alle Wesen
und bringt sie zur Vollendung.

42

Der Weg erzeugt eins,
eins erzeugt zwei,
zwei erzeugt drei,
drei erzeugt die zehntausend Dinge.

Die zehntausend Dinge verwirklichen sich
durch Yin und Yang;
sie sind im Einklang durch das
Zusammenspiel dieser beiden Kräfte.

Es gibt nichts, das die Menschen mehr
verachten als keine Eltern zu haben,
keinen Ehegatten zu haben
und kein Eigentum zu besitzen,
und doch sprechen Könige und Fürsten
so über sich selbst.
Es kann ein Gewinn sein, wenn man
etwas aufgibt,
und es kann ein Verlust sein, wenn man
etwas dazugewinnt.

Was andere lehren, lehre ich auch:
Die Gewalttätigen sterben keines
natürlichen Todes.
Das will ich zum Grundsatz meiner Lehre
machen.

43

Das Weichste in dieser Welt überwindet
das Härteste;
Das Nichts kann dort sein, wo kein
Raum ist.
Daran erkennen wir den Wert des
Nicht-Tuns.

Lehren ohne Worte,
beim Tun im Nicht-Tun verweilen:
das verstehen nur sehr wenige.

Name oder Sein,
was bedeutet mehr?
Sein oder Haben,
was ist wertvoller?
Gewinn oder Verlust,
was ist schlimmer?

Darum:
Wer übertrieben spart,
muß große Opfer bringen.
Wer Reichtümer anhäuft,
wird große Verluste erleiden.
Ein genügsamer Mensch
bleibt ohne Schande.

Wer weiß,
wann er innehalten muß,
gerät nicht in Gefahr
und geht nicht unter.

Große Leistungen erscheinen
unvollkommen,
und doch bleiben sie nützlich;
große Fülle erscheint wie leer,
und doch ist sie unerschöpflich;

große Ehrlichkeit erscheint übertrieben;
großes Wissen erscheint dumm;
große Redegewandtheit erscheint
wie Stottern.

Bewegt man sich,
so friert man nicht mehr;
verhält man sich ruhig,
macht einem die Hitze nicht so zu
schaffen.

Stille und Ruhe
bringen die ganze Welt ins rechte Maß
zurück.

Wenn das Reich dem Weg folgt,
ziehen selbst Rennpferde den Dünger
zum Feld;
wenn das Reich dem Weg nicht folgt,
züchtet man die Kriegspferde
schon an der Reichsgrenze.

Kein Verbrechen ist schlimmer als das
Verlangen;
kein Übel ist größer als die
Ungenügsamkeit;
kein Unglück ist größer als die Habsucht.

Darum:
Wer genügsam ist, wird stets genug haben.

Ohne weit zu gehen,
kann man die ganze Welt verstehen;
ohne aus dem Fenster zu schauen,
kann man die Wege des Himmels
begreifen.

Je weiter man fortgeht,
desto weniger versteht man.

Deshalb begreift der Weise,
ohne zu reisen;
er sieht,
ohne zu schauen;
er vollendet,
ohne zu tun.

Wer nach Wissen sucht,
weiß mit jedem Tag mehr;
wer den Weg sucht,
tut mit jedem Tag weniger.

Weniger, immer weniger ist zu tun,
bis man beim Nicht-Tun ankommt.
Ist man beim Nicht-Tun angekommen,
bleibt nichts ungetan.

Wer die Welt gewinnen will,
mischt sich nicht in die Dinge ein.
Wer sich in die Dinge einmischt,
ist der Aufgabe, die Welt zu gewinnen,
nicht gewachsen.

49

Der Weise macht sich keine Sorgen
um sein eigenes Leben;
er macht sich die Bedürfnisse
der Menschen zu eigen.

Ich bin gut zu denen,
die gut sind,
aber ich bin auch gut zu denen,
die nicht gut sind,
denn so vermehre ich die Güte.

Ich vertraue den Menschen,
die vertrauensvoll sind,
und ich vertraue den Menschen,
die nicht vertrauensvoll sind,
denn so vermehre ich das Vertrauen.

Der Weise hält sich zurück
und ist bescheiden in dieser Welt.
Man sieht ihn, man hört ihn,

und er behandelt alle
Menschen wie Kinder.

Wenn die eine Richtung Leben bedeutet
und die andere Richtung Tod,
so ist ein Drittel der Menschen für das
Leben und ein Drittel für den Tod;
dann gibt es noch diejenigen,
die das Leben hochschätzen
und sich folglich auf das Reich des Todes
zu bewegen;
auch sie bilden ein Drittel.
Warum ist das so?
Weil sie übermäßig am Leben hängen.

Wer es versteht, richtig zu leben,
kann überall hingehen,
ohne Angst vor dem Nashorn oder dem
Tiger;
er wird auch nicht verwundet werden im
Kampf.
Das Nashorn findet an ihm keine Stelle,
wo es sein Horn hineinstoßen könnte,

und der Tiger findet keinen Platz für seine
Pranken;
ebenso finden auch andere Waffen keine
Stellen,
wo sie treffen könnten.
Warum ist das so?

Weil es für einen solchen Menschen
kein Reich des Todes gibt.

Der Weg gibt den zehntausend Dingen Leben;
die Tugend ernährt sie;
die Umgebung gestaltet sie;
die Umstände bringen sie zur Reife.

Deshalb verehren all die zehntausend Dinge den Weg
und preisen die Tugend.
Doch der Weg und die Tugend werden verehrt,
nicht weil irgend jemand es gebietet,
sondern weil es sich von selbst ergibt.

Darum gibt der Weg ihnen Leben
und ernährt sie;
er leitet und pflegt sie,
macht sie reif und vollendet sie,
erhält und beschützt sie.

Er gibt ihnen Leben,
doch er erhebt keinen Anspruch auf
Besitz;
er hilft ihnen,
doch er verlangt keinen Dank;
er ist der Meister,
doch er übt keine Macht aus.
Dies nennt man die ursprüngliche Tugend.

Der Anfang des Universums
ist die Mutter aller Dinge.
Wer die Mutter versteht,
versteht auch ihre Kinder.
Die Kinder verstehen
und doch in Kontakt bleiben
mit der Mutter –
so begegnet man bis zum Tod
keiner Gefahr.

Hüte deine Zunge,
schließe Augen und Ohren,
und du wirst dein Leben lang nicht
erschöpft sein.
Viel reden und immer geschäftig sein,
dann ist dein Leben ohne Hoffnung.

Das Unbedeutende erkennen heißt:
Erleuchtung.
Das Weiche bewahren heißt: stark sein.

Gebrauche deinen Verstand
und erkenne, wer du bist,
so bewahrst du dich vor Schaden.
Das heißt: dem ewigen Weg folgen.

Wenn ich nur wenig wüßte,
aber dem großen Weg folgte,
hätte ich einzig und allein Angst
vor Pfaden, die abweichen.
Der große Weg ist einfach,
aber die Menschen ziehen die
Umwege vor.

Der Palast ist voller Schätze,
auf den Feldern wuchert das Unkraut,
und die Kornspeicher sind leer, aber
die Herrschaften tragen prächtige Kleider
und behängen sich mit Schmuck
und blitzenden Schwertern;
sie prassen beim Essen und Trinken
und besitzen mehr Güter als nötig:
das sind Raubritter und Räuberbarone.

Dort ist ganz sicher nicht der Weg.

Was fest verwurzelt ist,
kann nicht ausgerissen werden;
was fest gehalten wird,
kann nicht entgleiten;
darum ehren die nachfolgenden
Generationen ihre Ahnen.

Pflege dies in dir selbst,
und deine Tugend wird Wirklichkeit;
pflege dies in der Familie,
und auch sie wird Tugend haben;
pflege dies im Dorf,
dann wird auch dort Tugend wachsen;
pflege dies im ganzen Land,
und es wird voller Tugend sein;
pflege dies in der Welt,
und überall wird Tugend sein.

Erkenne die Person an der Person,
die Familie an der Familie,

die Stadt an der Stadt,
das Land am Land,
die Welt an der Welt.

Woher weiß ich, daß die Welt so ist?
Eben dadurch.

Wer voller Tugend ist,
gleicht einem neugeborenen Kind:
Wespen und Schlangen tun ihm nichts,
wilde Tiere überfallen es nicht,
es wird auch nicht von Raubvögeln
angegriffen.
Seine Knochen und Muskeln sind noch
weich,
und doch kann es fest zugreifen.
Es weiß noch nichts von der Beziehung
zwischen Mann und Frau,
und doch kann sich sein kleines Glied
schon erregen:
das ist vollkommene Lebenskraft.
Es schreit den ganzen Tag,
ohne daß es heiser wird;
das ist vollkommener Einklang.

In Einklang kommen heißt:
ewig sein;

das Ewige erkennen heißt:
erleuchtet sein.
Die Lebensbegierden vermehren heißt:
Unheil beschwören;
mit dem Willen den Atem regulieren heißt:
gewalttätig sein.

Wenn das Starke
dem Schwachen Gewalt antut,
heißt das: es stellt sich gegen den Weg.
Was sich gegen den Weg stellt,
wird sehr bald zu Ende gehen.

Wer Wissen hat, redet nicht;
wer redet, hat kein Wissen.

Hüte deine Zunge,
schließe Augen und Ohren.
Brich die Schärfen,
löse die Knoten,
schwäche den blendenden Glanz,
wisch den Staub fort.
Das nennt man ursprüngliches
Einswerden.

Darum:
Du kannst ihm weder näherkommen
noch dich von ihm fernhalten;
du kannst ihm weder nutzen
noch kannst du ihm schaden;
du kannst es weder aufwerten
noch kannst du es abwerten.
Darum wird es von aller Welt verehrt.

57

Regiere den Staat mit Aufrichtigkeit;
einen Krieg führe mit Schläue;
aber gewinne das Reich,
indem du dich nicht einmischst.

Woher weiß ich, daß dies so ist?
Ich sehe und erlebe es.
Je mehr Verbote und Regeln es gibt,
desto ärmer ist ein Volk;
je schärfer die Waffen sind,
desto mehr Unruhe herrscht im Land;
je gewandter und geschickter die Menschen sind,
desto mehr Erfindungen werden gemacht;
je besser die Gesetze und Verordnungen bekannt sind,
desto mehr Diebe und Räuber gibt es.

Darum sagt der Weise:
Ich pflege das Nicht-Tun,

und die Menschen wandeln sich von selbst;
ich gebe der Stille den Vorzug,
und die Menschen kommen von selbst in Ordnung;
ich mische mich nicht ein,
und die Menschen erhalten das, was sie brauchen, von selbst;
ich begehre nichts,
und die Menschen werden von selbst
einfach wie der unbehauene Holzklotz.

Wird der Staat mit leichter Hand regiert,
sind die Menschen einfach und
bescheiden;
wird der Staat mit Härte regiert,
sind die Menschen hinterlistig.

Das Glück hat seine Wurzeln im Leid,
und das Leid hält sich im Glück
verborgen.
Wer weiß schon, wo die Grenze ziehen?
Gibt es denn die Aufrichtigkeit nicht?
Aber die Aufrichtigkeit wird wieder zur
Lüge,
und das Gute wird wieder zum
Fürchterlichen.
Ja, die Menschen sind schon seit langer
Zeit verwirrt.
Deshalb ist der Weise
in seinen Reden zwar scharf und deutlich,
aber er beleidigt niemanden;

er zeigt die Fehler auf,
aber ohne zu verletzen;
er tut sein Möglichstes,
aber nicht auf Kosten der anderen;
er glänzt, aber er blendet nicht.

Wenn er das Volk regiert
und dem Himmel dient,
ist es für den Herrscher am besten,
wenn er Genügsamkeit walten läßt.
Weil er Genügsamkeit walten läßt,
kann man sagen,
daß er von Anfang an dem Weg folgt;
wenn er von Anfang an dem Weg folgt,
kann er eine Fülle von Tugenden sammeln;
sammelt er eine Fülle von Tugenden,
gibt es nichts, das er nicht überwinden
kann;
wenn es nichts gibt, das er nicht
überwinden kann,
kennt niemand seine Grenzen;
wenn niemand seine Grenzen kennt,
kann er einen Staat regieren;
wenn er den Staat
aus dem mütterlichen Prinzip heraus
regiert,

kann er dauern.
Dies nennt man
den Weg der tiefen Wurzeln
und des festen Stamms,
durch den man lange lebt.

Ein großes Land regieren
ist wie kleine Fische braten.

Wird das Reich im Einklang mit dem Weg regiert,
dann hat das Böse keine Kraft mehr.
Das heißt nicht,
daß das Böse keine Gewalt mehr hat,
aber seine Gewalt bringt dem Volk keinen Schaden.
Nicht nur die Gewalt des Bösen,
sondern auch der Weise
bringt dem Volk keinen Schaden.
Da beide keinen Schaden bringen,
besitzen sie die zusammen vollkommene Tugend.

61

Ein großes Land ist wie eine fruchtbare Tiefebene,
in die alle Flüsse der Welt fließen;
es ist ein Treffpunkt für die ganze Welt,
es ist wie eine Mutter für die Welt.
Das Weibliche überwindet das Männliche stets durch Stille.
Durch seine Stille stellt es sich tiefer.
Deshalb stellt sich das große Land unter das kleine,
um es zu gewinnen.
Das kleine Land stellt sich unter das
große, um von ihm gewonnen zu werden.
Darum stellt sich das eine tiefer,
um zu gewinnen;
das andere stellt sich tiefer,
um gewonnen zu werden.
Das große Land will nichts anderes
als das kleine beschützen;
das kleine Land will nichts anderes,

als daß seine Dienste vom großen
anerkannt werden.
Wenn jedes Land das erreichen will, was
es wünscht,
ist es angebracht, daß das große Land
sich tiefer stellt.

Der Weg ist die Zuflucht der zehntausend
Dinge.
Er ist ein Schatz für den guten Menschen
und ein Schutz für den schlechten
Menschen.

Durch Freundlichkeit wirst du geachtet,
und gutes Tun schafft gute Beziehungen.
Auch wenn ein Mensch schlecht ist,
laß ihn nicht fallen.

Aber schicke keine Geschenke, wenn der
Kaiser gekrönt wird
oder wenn die höchsten Minister ihre
Ämter erhalten;
sende auch kein Gespann mit vier
Pferden,
sondern verhalte dich ruhig
und weise nur auf den Weg hin.

Warum verehrten schon die Alten den
Weg?
Hieß es nicht,
daß man mit Hilfe des Weges
bekam, was man wollte,
und die Folgen nicht zu tragen brauchte,
wenn man einen Fehler beging?
Darum verehrt die Welt den Weg.

Pflege bei allem, was du tust, das
Nicht-Tun;
handle, ohne einzugreifen;
genieße das, was keinen Geschmack hat.

Mach größer, was klein ist,
und vermehre das Wenige;
tu Gutes dem, der dir ein Unrecht getan
hat.
Plane das Schwierige,
solange es noch einfach ist.
Tu das Große,
solange es noch klein ist,
denn die schwierigen Dinge auf der Welt
fangen stets einfach an,
und die großen Dinge
fangen stets klein an.

Weil der Weise nie nach Größe strebt,
kann er seine Größe verwirklichen.

Wer voreilig Versprechen macht,
hält selten Wort;
wer gemeinhin die Dinge auf die leichte
Schulter nimmt,
stößt oft auf Schwierigkeiten.

Deshalb betrachtet sogar der Weise
gewisse Dinge als schwierig.
So findet er letzten Endes nichts
schwierig.

Solange sich etwas ruhig verhält,
kann man es leicht halten;
solange sich keine Anzeichen zeigen,
kann man leicht mit etwas fertig werden;
solange etwas spröde ist,
kann man es leicht brechen;
solange etwas klein ist,
kann man es leicht auflösen.
Befasse dich mit den Dingen,
bevor sie geschehen;
bringe sie in Ordnung,
bevor sie durcheinander sind.

Bevor ein Baum so groß ist,
daß kein Mensch ihn umfassen kann,
wächst er aus einem kleinen Samen empor;
ein Haus mit vielen Stockwerken
fängt mit dem ersten Spatenstich an;
selbst die längste Reise
beginnt mit dem ersten Schritt.

Wer zuviel tut,
verdirbt es;
wer sich an etwas klammert,
verliert es.
Weil der Weise beim Nicht-Tun bleibt,
verdirbt er nie etwas;
weil er sich an nichts klammert,
geht ihm nichts verloren.

Meistens versagen die Menschen
kurz vor dem Erfolg.
Darum sorge dich gleichermaßen
um den Anfang und um das Ende,
dann wirst du nicht versagen.

Deshalb sucht der Weise
Freiheit von allen Begierden
und mißt schwer zu erlangenden Gütern
keinen Wert bei:
er lernt, beim Nicht-Lernen zu bleiben,
und bringt den Menschen zurück,
was sie verloren haben,

um so den zehntausend Dingen zu helfen,
ihre eigene Natur zu finden
und nicht zu viel zu tun.

65

Die alten Meister des Weges
benutzten ihn nicht,
um die Menschen aufzuklären,
sondern um sie in Unwissenheit zu halten.
Das Volk ist schwer zu regieren,
weil es zu klug ist.

Wer das Volk mit Klugheit regiert,
schadet dem Volk;
wer das Volk nicht mit Klugheit regiert,
ist ein Segen für das Volk.

Das sind die zwei Möglichkeiten.
Dies richtig zu verstehen
ist eine der höchsten Tugenden.
Eine hohe Tugend
geht ganz tief
und auch ganz weit;
sie führt alle Dinge zurück
zur einen großen Einheit.

66

Warum sind der Ozean und die Ströme
die Könige von vielen hundert Tälern?
Weil sie tiefer liegen als jene,
darum sind sie die Könige.

Wenn der Weise die Menschen führt,
ist er mit Demut für sie da;
er leitet sie und geht ihnen voran,
indem er hinter ihnen hergeht.

So wie der Weise führt,
fühlen sich die Menschen nicht unterdrückt,
und wenn ein solcher Führer vor den Menschen steht,
werden sie nichts zu leiden haben.
Darum wird das ganze Reich ihn freudig unterstützen
und an seiner Führung nicht müde werden.

Weil er mit niemandem wetteifert,
kann niemand sein Mitbewerber sein.

Alle Welt sagt,
daß mein Weg großartig
und unvergleichlich ist.
Eben weil er großartig ist,
ist er unvergleichlich.
Wäre er vergleichbar,
wäre er schon lange verschwunden.

Ich habe drei Schätze,
die ich hege und pflege.
Der erste heißt: Mitgefühl;
der zweite heißt: Genügsamkeit;
der dritte heißt: nicht danach streben,
in der Welt an der Spitze zu sein.
Ist man mitfühlend, kann man mutig sein;
ist man genügsam, kann man großzügig
sein;
wer nicht danach strebt,
in der Welt an der Spitze zu sein,
kann andere leiten.

Das Mitgefühl um des Mutes willen
aufgeben,
die Genügsamkeit um der Großzügigkeit
willen aufgeben,
den letzten Platz um des ersten Platzes
willen aufgeben:
das bedeutet den Tod.

Wer mit Mitgefühl kämpft, wird siegen
und in der Verteidigung unbezwingbar
sein.
Wem der Himmel hilft,
den beschützt er durch die Gabe des
Mitgefühls.

Ein guter Soldat sucht die Gewalt nicht;
ein guter Kämpfer wird nicht wütend;
ein guter Sieger rächt sich nicht;
ein guter Arbeitgeber bleibt bescheiden.

Das ist die Tugend des Nicht-Streitens;
das heißt: die Kunst, andere zu führen;
das heißt: mit dem Himmel im Einklang
sein.

In der Kriegsführung kennt man folgende
Taktik:
ich mache nicht den ersten Schritt zum
Angriff,
sondern warte ab wie ein Gast;
ich wage nicht, einen Zoll vorzurücken,
sondern weiche einen Fuß zurück.

Das heißt: vorwärts gehen ohne Straße,
die Ärmel hochkrempeln, ohne den Arm
zu zeigen,
den Feind überwältigen, ohne
anzugreifen,
stark sein, ohne Waffen zu gebrauchen.

Es gibt kein größeres Unglück,
als den Feind zu unterschätzen.
Wer den Feind unterschätzt,
verliert seine größten Schätze.

Darum gilt:
Wenn zwei Parteien die Waffen
gegeneinander erheben,
siegt diejenige, die es schweren
Herzens tut.

70

Meine Worte sind leicht zu verstehen
und leicht zu befolgen,
und doch kann niemand auf der Welt sie
verstehen oder sie befolgen.

Worte haben einen Urheber
und Taten einen Herrn.

Weil die Menschen unwissend sind,
können sie mich nicht verstehen.

Es gibt nur wenige,
die mich verstehen,
und die, die über mich schimpfen,
sind angesehene Leute.
Deshalb trägt der Weise
keine feinen Kleider,
aber er hat den Edelstein im Herzen.

Wer weiß,
aber glaubt, daß er nichts weiß, ist groß;
wer nicht weiß,
daß er weiß,
wird in Schwierigkeiten geraten.

Wer die Schwierigkeiten erkennt,
kann sie vermeiden.
Der Weise stößt nicht auf
Schwierigkeiten.
Er stößt nicht auf Schwierigkeiten,
weil er sie erkennt.

Wenn die Menschen keine Ehrfurcht mehr haben, wird es viel Unglück geben.

Laß sie in Ruhe,
dort wo sie wohnen;
störe sie nicht bei der Arbeit;
wenn du dich nicht einmischst,
werden sie auch nicht sagen:
ich habe genug von dir.

Deshalb gilt folgendes:
Der Weise kennt sich selbst,
aber er stellt sich nicht zur Schau;
er liebt sich selbst,
aber er ist nicht überheblich.
Er bevorzugt das eine
und läßt das andere.

Ein tapferer und waghalsiger Mensch
verliert das Leben;
ein tapferer und vorsichtiger Mensch
bleibt am Leben.
Von diesen beiden
bringt das eine Nutzen,
das andere Schaden.
Es gibt manche Dinge auf Erden,
die der Himmel haßt,
aber wer weiß schon, warum?
Deshalb betrachtet sogar der Weise
gewisse Dinge als schwierig.

Der Weg des Himmels streitet nie,
und doch bleibt er Sieger;
er spricht nicht,
und doch gibt er Antwort;
er fragt nach nichts,
und doch kommt alles von selbst;
er wirkt gelassen,

und doch verläuft alles nach genauen
Plänen.

Das Netz des Himmels
ist groß und weit.
Obwohl die Maschen groß sind,
entschlüpft ihm nichts.

Wenn die Menschen keine Angst vor
dem Tod haben,
wozu ihnen mit dem Tod drohen?
Wenn die Menschen in dauernder Angst
vor dem Tod leben,
kann man diejenigen verhaften und töten
lassen,
die Schlimmes treiben;
wer aber würde das wagen?
Es gibt einen natürlichen Todesrichter,
der diese Aufgabe erfüllt.
Wenn jemand statt des Todesrichters tötet,
ist das, wie wenn jemand
statt des Zimmermanns die Axt führt.
Wer statt des Zimmermanns die Axt
führt,
verletzt sich mit Sicherheit die Hand.

Das Volk hungert.
Das Volk hungert,
weil diejenigen, die an der Macht sind,
zuviel an Steuern wegessen.

Das Volk ist schwer zu regieren.
Das Volk ist schwer zu regieren,
weil diejenigen, die an der Macht sind,
sich dauernd einmischen.

Das Volk schätzt den Tod gering.
Das Volk schätzt den Tod gering,
weil es zu sehr am Leben hängt.

Deshalb ist der, der dem Leben keinen
Wert beimißt,
weiser als der, der am Leben hängt.

Der Mensch ist weich und zart,
wenn er geboren wird;
wenn er gestorben ist,
ist er steif und starr.

Gräser und Bäume sind biegsam und zart,
wenn sie das Licht der Welt erblicken;
wenn sie tot sind,
sind sie dürr und trocken.
Darum ist das Harte und Starre
dem Tod nahe,
das Zarte und Nachgiebige
ist dem Leben nahe.

Darum wird eine starke Armee keine
Schlacht gewinnen;
ein starker Baum wird gefällt werden.

Das Harte und Starke wird unterliegen;
das Weiche und Zarte wird siegen.

Der Weg des Himmels ist wie ein
gespannter Bogen:
Das Hohe drückt er nieder,
das Tiefe hebt er hoch.
Was zuviel ist, wird vermindert,
was zuwenig ist, wird vermehrt.

Der Weg des Himmels nimmt von denen,
die zuviel haben,
um denjenigen zu geben,
die zuwenig haben.

Der Weg der Menschen ist ganz anders:
Er nimmt von denen,
die zuwenig haben,
um es denen zu geben,
die bereits mehr als genug haben.
Wo gibt es die Menschen,
die das, was sie zuviel haben,
der Welt schenken?

Das tut nur der Mensch,
der dem Weg folgt.

Deshalb hilft der Weise,
doch er verlangt keine Dankbarkeit;
er vollendet sein Werk,
doch er fordert keine Ehre.
Dies ist so,
weil er nicht als besser betrachtet werden
will als die andern.

Es gibt auf dieser Welt nichts Weicheres
und Schwächeres als Wasser.
Und doch vermag es die härtesten und
größten Felsbrocken zu bewegen und
auszuhöhlen.
Es gibt nichts Vergleichbares.

Das Schwache überwindet das Starke,
und das Weiche überwindet das Harte;
das weiß jeder auf Erden,
und doch verhält sich niemand danach.

Darum sagt der Weise:
Wer die Erniedrigung der Menschen auf
sich nimmt,
der ist fähig, sie zu leiten;
wer das Unglück der Menschen auf sich
nimmt,
hat es verdient, König der Welt genannt
zu werden.

Die Wahrheit klingt oft so,
als wäre sie voller Widersprüche.

79

Nach einem bitteren Streit
bleibt ein Rest Groll zurück.
Wie kann man eine solche Situation
als vollkommen bereinigt betrachten?

Deshalb nimmt der Weise den Schuldschein,
aber er treibt die Schuld nicht ein.
Der Mensch von Tugend
hält sich an seine Pflicht,
der Mensch ohne Tugend
hält sich an sein Recht.

Der Weg des Himmels ist unparteiisch;
er ist immer auf der Seite des guten Menschen.

Ein Land soll klein und dünn besiedelt
sein.
Sorge dafür, daß die Menschen,
obwohl sie genug Waffen für eine Truppe
oder für ein Bataillon haben,
sie nie gebrauchen werden;
sorge zudem dafür, daß die Menschen
nur ungern große Reisen machen
und daß sie den Tod ernst nehmen.

Auch wenn es Schiffe und Wagen gibt,
die Menschen werden sie nicht benutzen;
auch wenn Panzer und Waffen vorhanden
sind,
die Menschen werden keinen Anlaß
haben, sie zur Schau zu stellen.

Sorge dafür,
daß die Menschen die Knotenschrift
wieder gebrauchen,

daß ihnen ihr Essen schmeckt
und ihnen ihre Kleider gefallen,
daß sie mit ihrer Wohnung zufrieden sind
und glücklich mit ihrer Lebensweise.

Auch wenn die Nachbarländer in
Sichtweite sind,
und man von Land zu Land die Hunde
bellen und die Hähne krähen hören kann,
so werden die Menschen des einen Landes
alt werden und sterben,
ohne jemals mit den Menschen eines
andern Landes etwas zu tun gehabt
zu haben.

Wahre Worte sind nicht schön,
schöne Worte sind nicht wahr.
Gute Worte sind nicht überzeugend,
überzeugende Worte sind nicht gut.

Der Weise ist nicht gelehrt,
der Gelehrte ist nicht weise.

Der Weise häuft nichts an.
Nachdem er alles, was er hat,
den andern geschenkt hat,
hat er immer noch mehr;
nachdem er alles, was er hat,
den andern gegeben hat,
ist sein Reichtum noch größer.

Nützen, ohne zu schaden,
das ist der Weg des Himmels.
Tun, ohne zu streiten,
das ist der Weg des Weisen.

Nachwort
von Knut Walf

Tao – Weg für den Westen?

Seit einigen Jahren üben immer mehr Menschen im Westen Zen. Über den wachsenden Kreis der Übenden hinaus ist vielen mehr oder weniger bekannt, was Zen bedeutet. Obwohl nicht unumstritten ist, ob Zen von Nichtbuddhisten eingeübt werden kann, jedenfalls mit der letzten und notwendigen Konsequenz, werden die Übungen des Zen oder zumindest Übungen im Stil des Zen immer stärker in den christlichen Kirchen, auffallenderweise besonders in der katholischen Kirche und dort wieder mit an erster Stelle in den Ordensgemeinschaften, adaptiert.

Da das Interesse weitgehend auf die Übungen selbst gerichtet ist, wird die Frage nach dem Ursprung des Zen nur selten, allenfalls in einigen Büchern über Zen erörtert.

Zen, wie er heute im Westen verbreitet wird, ist gleichsam die vollendete japanische Blüte eines alten Baumes, dessen beide Hauptwurzeln in Chinas alte Philosophie und die aus Indien nach China gebrachte Lehre des Buddha reichen. Das Wort Zen und die damit verbundenen Inhalte leiten sich ursprünglich vom chinesischen *ch'an* ab, das wiederum die chinesische Wiedergabe des Sanskritwortes *dhyâna* (ungefähr: Meditation) ist. Der chinesische Mönch *Hui-yüan* (334-416), der als Gründer der sogenannten Amida-Sekten vom Reinen Land gilt, vereinigte in besonderer Weise buddhistische und taoistische Elemente in seinen Meditationen. Sein Zeitgenosse *Seng-chao* (384-414), dessen Schriften von späteren Zen-Meistern hochgeschätzt wurden, verband gleichfalls die Weisheiten der taoistischen Philosophen mit der Buddha-Lehre.

Wer sich also mit Zen befaßt oder Zen übt,

kommt auch über kurz oder lang mit dem philosophischen Taoismus und seinen Inhalten in Berührung.
Während das Interesse am Zen im Westen relativ jungen Datums ist, sind die Schriften der taoistischen Tradition, also besonders jene des *Lao Tse* (Laudse) und des *Tschuang Tse* (Dschuang Dsi), im Westen schon lange bekannt. Das Tao-Te-King (Daudedsching), dessen Verfasser Lao Tse gewesen sein soll und das gelegentlich als »Bibel des Taoismus« bezeichnet wird, dürfte nach der Bibel und dem Kommunistischen Manifest eines der am weitesten verbreiteten und meistübersetzten Bücher sein. Dennoch ist festzustellen, daß der Taoismus im Westen nicht jene Beachtung fand, die man dort den Lehren des Konfuzius entgegenbrachte. Hierbei mögen zwei Gründe mitgespielt haben, die interessanterweise mit Vorbehalten gegenüber dem Taoismus in China selbst übereinstimmen.

Dort, wie später auch im Westen, galt der Taoismus als Lebensphilosophie von mehr oder weniger charmanten Außenseitern, ja von gesellschaftlichen Aussteigern. Zum anderen hat das wenig günstige Image des sogenannten Volkstaoismus den Taoismus überhaupt in Mißkredit gebracht. Dieser Volkstaoismus, dem man auch heute noch in den altchinesischen Gesellschaften außerhalb der Volksrepublik China begegnen kann, stellt eine merkwürdige Mischung aus Resten der altasiatischen Schamanenreligion mit späteren magischen Zutaten, Wahrsagerei und einem tropischen Götterhimmel dar. Demgegenüber mußte der streng rationale und diesseitsgerichtete Konfuzianismus den westlichen Ausländern, die nach China kamen, bekannter vorkommen und auch sehr viel verständlicher erscheinen. Damit verknüpft oder daneben können weitere Gründe für die »Bevorzugung« des Konfu-

zianismus durch den Westen genannt werden, Gründe, die nicht selten mit politischem Kalkül zu tun hatten. Immerhin war der Konfuzianismus eng mit den politischen Kräften des traditionellen China verbunden, sieht man einmal von wenigen Ausnahmen unter den Kaisern ab.
Es ist übrigens nicht zu übersehen, daß auch die chinesischen Kommunisten, die heute ihre Religionskritik neu formulieren, große Schwierigkeiten mit der (Wieder-) Zulassung des Taoismus haben. Wenn sie zwischen »Religion« und »feudalistischem Aberglauben« unterscheiden, meinen sie mit dem letzteren den alten Volkstaoismus (die Konfuzius-Schreine hingegen werden, wenn auch zögernd, wieder restauriert und geöffnet).

In den westlichen Ländern ist das Interesse am philosophischen Taoismus während der beiden letzten Jahrzehnte außerordentlich gewachsen. Die Ausgaben und Übersetzungen der taoistischen Klassiker sind im anglo-amerikanischen Bereich kaum noch zu überschauen; auch in Frankreich und den deutschsprachigen Ländern sind die wichtigsten Schriften heute in guten Übersetzungen zu erreichen, darunter beinahe zwanzig Tao-Te-King-Ausgaben, allerdings von sehr unterschiedlicher Qualität. Bekannte zeitgenössische Dichter und Schriftsteller bekennen, daß sie sich nicht nur mit den Taoisten befassen, sondern auch aus deren Schriften Anregungen und Antworten auf ihre Fragen erhalten. Stellvertretend für viele andere seien *Elias Canetti*, *Peter Handke* und *Luise Rinser* genannt, aus dem französischen Sprachraum

René Étiemble und *Marguerite Yourcenar.* Der Philosophielehrer von Albert Camus, *Jean Grenier,* veröffentlichte ein Buch über die Tao-Lehre (L'esprit du Tao). Canetti schreibt in »Die Provinz des Menschen«, der Taoismus sei die Religion der Dichter (»auch wenn sie es nicht wissen«). Und Luise Rinser hat einmal in einem Interview geäußert, ihr helfe in dunklen Zeiten weder das Christentum noch der Buddhismus, sondern »nur die alte chinesische Philosophie: Der Taoismus...«

Nun kann, ja muß man sich angesichts derartiger Zeugnisse fragen, ob sich vielleicht hierin bei den sensiblen Geistern ein neuer Trend abzeichnet, nachdem das Interesse der westlichen Intellektuellen lange Jahre dem Hinduismus und insbesondere dem Buddhismus galt. Eine derartige Skepsis wäre verständlich. Bei genauer Überprüfung der Hintergründe und Strömungen ergibt sich jedoch ein anderes Bild.

Um das Ergebnis vorwegzunehmen: Hierbei handelt es sich nicht um einen modischen Trend. Die Schriften der taoistischen Philosophen finden vielmehr seit langem die ihnen gebührende Beachtung, und ähnlich wie in unseren Tagen haben früher bekannte westliche Philosophen und christliche Theologen bekannt, daß sie sie hochschätzen. So regte etwa *Gottfried Wilhelm von Leibniz* (1646–1716) an, »daß man Missionare der Chinesen zu uns schickt, die uns Anwendung und Praxis einer natürlichen Theologie lehren könnten«. Die literarische Verbreitung und Auseinandersetzung mit den taoistischen Philosophen begannen freilich erst in der ersten Hälfte des 19. Jahrhunderts in Frankreich, sieht man einmal von *Seckendorffs* »Rad des Schicksals oder die Geschichte der Thoangesi's« ab, das 1783 in Dessau erschien. Besonders französische Wissenschaftler haben dabei Pionierwerk geleistet; an erster Stelle sind *Abel Rémusat, Stanislas Julien* und *Jean Pierre Guillaume Pauthier* zu nennen, die zur Verbreitung der Lehren des Lao Tse in Europa die Grundlagen geschaffen haben. Die erste vollständige Übersetzung des Tao-Te-King in eine westliche Sprache erschien 1842 in Paris (von S. Julien), die beiden ersten deutschen Übersetzungen wurden 1870 von *v. Plaenckner* und *v. Strauß* veröffentlicht.

Einige europäische Theologen des ausgehenden 19. Jahrhunderts, und zwar Protestanten wie Katholiken, studierten die damals erscheinenden Texte mit Interesse und waren nicht selten über Parallelen mit der jesuanischen Botschaft überrascht. So wies etwa der Professor für Altes Testament an der Evangelisch-Theologischen Fakultät in Tübingen, *Julius Grill,* auf an die hundert Parallelen zwischen den Aussagen des Tao-Te-King und des Neuen Testaments hin.

Grill lernte die chinesische Sprache, um die Texte im Original lesen zu können; dieser Mühe unterziehen sich leider nur wenige »Übersetzer« des Tao-Te-King. Der Tübinger Alttestamentler veröffentlichte 1910 eine eigene Übersetzung des Tao-Te-King (»Lao-tses Buch vom höchsten Wesen und vom höchsten Gut«), die lange Zeit im deutschen Sprachraum viel gelesen wurde. Auch der katholische Systematiker *Herman Schell*, einer der bedeutendsten Theologen des 19. Jahrhunderts, war von Lao Tse tief beeindruckt: »Unter allen Schriften, in welchen die religiöse Forschung der Menschheit außerhalb des Kreises der alttestamentlichen und neutestamentlichen Inspiration ihre mühsam errungenen Ergebnisse niedergelegt und der Zukunft als Vermächtnisse überliefert hat, wird wohl kaum eine zu finden sein, welche dem Büchlein Lao Tse's den Primat streitig machen dürfte.«

Das Interesse an Lao Tse und den anderen Taoisten und ihren Schriften (Tschuang Tse, Liä Dsi) ist seitdem im Westen nicht mehr erloschen. *Martin Buber* hat sich mit der »Lehre des Tao« (1910) befaßt und ebenso wie *Thomas Merton* eine Sammlung der Gleichnisse des *Tschuang Tse* veröffentlicht (1912; Merton 1965). Die weitere ernsthafte Auseinandersetzung der christlichen Theologen mit dem Taoismus ist möglicherweise dadurch behindert worden, daß die Theosophie und esoterische Richtungen Lao Tse und die anderen Taoisten als ihre Lehrer betrachteten, ja geradezu gepachtet hatten. Dem dienten nicht selten eigenwillige Übersetzungen der taoistischen Schriften, besonders des Tao-Te-King.

Die Frage der Übersetzung der taoistischen Literatur spielt überhaupt eine zentrale und durchaus konfliktträchtige Rolle in der Rezeptionsgeschichte des philosophischen

Taoismus im Westen. Die an den Inhalten Interessierten waren und sind in der Regel des Chinesischen nicht mächtig, während den Sinologen im allgemeinen das Interesse am Taoismus abgeht. Letzteres mag auf die bereits erwähnte Geringschätzung des Taoismus im Alten wie im Neuen China zurückzuführen sein. Allerdings gab und gibt es unter den Sinologen Ausnahmen; für den deutschen Sprachraum seien nur *Wilhelm* und *Forke* oder *Schwarz* und *Ulenbrook* genannt. Die eigene Art der chinesischen Sprache gibt zudem Veranlassung und reiche Gelegenheit, ja zwingt selbst oft dazu, in noch stärkerem Maße als ohnehin bei Übersetzungen unumgänglich, interpretativ zu übersetzen. Das hat zur Folge, daß faktisch alle Übersetzungen des Tao-Te-King voneinander abweichen, teilweise sogar erheblich.

Die Übersetzungsschwierigkeiten beginnen beim Begriff Tao selbst. Tao ist eigentlich unübersetzbar, und bedeutende Übersetzer lassen das Wort denn auch stehen, nachdem sie ausgelegt haben, wie sie es verstehen. Sehr viele Interpreten übersetzen Tao heute mit Weg, andere mit Höchstes Wesen, Sinn oder Weltgesetz, mit Logos, natura, natura naturans oder ratio (raison, reason), mit cause première, parole, principe (= Einheitsprinzip) oder providence. Das chinesische Ideogramm für Tao setzt sich aus »Kopf« und »Fuß« oder »Denken« und »Gehen« zusammen. Ein hervorragender Kenner der Tao-Lehre, *Chungyuan Chang*, empfiehlt, »in diesem Symbol einen Führer und einen Jünger zu sehen, die gemeinsam ihren Weg suchen«. *C. G. Jungs* Postulat von unus mundus scheint dem Tao weitgehend zu entsprechen, auch der Logos bei *Heraklit* oder die causa sui *Spinozas.* Tao ist jedoch nicht mit Ur-Grund oder gar Gott gleichzusetzen!

Die Aktualität der Tao-Lehre

Seitdem die Lehre vom Tao im Westen bekannt geworden ist, hat sie dort Menschen angesprochen und – was wenig bekannt ist – durchaus auch politische Wirkungen gezeigt. So haben nicht wenige in der Zeit des Nazi-Terrors im Tao-Te-King nicht nur Trost, sondern auch Weisung zu politischem Handeln gefunden. In den Flugblättern der »Weißen Rose« wurde Lao Tse häufig genannt und zitiert. Daß die Lehren der Taoisten auch heute religiös wie politisch aktuell sind, soll an wenigen Beispielen gezeigt werden:

Da fällt zunächst auf, daß die Taoisten nicht Meister großer oder vieler Worte sind. Ihre Weisungen sind knapp gehalten, oft sehr bildhaft-konkret. Besonders die Aussprüche, die Tschuang Tse zugeschrieben werden, haben häufig den Charakter von Zen-Koans. Und Lao Tse sagt bereits im ersten Satz des Tao-Te-King, das ewige Tao (Dau) sei nicht sagbar. Der Skepsis gegenüber dem menschlichen Erkenntnisvermögen, gegenüber angelerntem Wissen, Kritik und Logik begegnet man immer wieder bei den Taoisten.

Die vorsichtige Zurückhaltung beim Sprechen über das ewige Tao wird besonders bei Lao Tse deutlich. »Ich kenne seinen Namen nicht, ich nenne es den Weg«, Dau, sagt er. Und in diesem Zusammenhang spricht er auch davon, daß man das Tao »die Mutter der zehntausend Dinge, des Alls Urmutter nennen könnte« (Kapitel 25). Die heutige Theologie und ihre Gotteslehre dürften bei Lao Tse überraschende Parallelen finden können.

Aber auch die politische Aktualität der Taoisten ist deutlich. Die drei gesellschaftlichen Alternativrichtungen unserer Zeit (für Entwicklung, Abrüstung und Umwelt) könnten insbesondere bei Lao Tse manche Anregung oder Bestätigung empfangen. Er ist geradezu der Verkünder der Maxime »small is beautiful« und eines einfachen Lebens: »Ein Land soll klein und dünn besiedelt sein. Sorge dafür, daß die Menschen, obwohl sie genug Waffen für eine Truppe oder ein Bataillon haben, sie nie gebrauchen.« (Kapitel 80)

Während das Tao-Te-King im allgemeinen eine große Ruhe ausstrahlt, die Formulierungen mit Bedacht gewählt sind, wird Lao Tse geradezu erregt, wenn er auf den Mißbrauch der Gewalt und der Waffen zu sprechen kommt: »Waffen sind Instrumente des Unheils und werden von allen Geschöpfen gehaßt. Wer dem Weg folgt, besteht deshalb nicht auf ihrem Gebrauch. ... Waffen sind Instrumente des Unheils und nicht die Instrumente des Edlen. Ist man gezwungen, sie zu gebrauchen, so ist es am besten, wenn man keinen Gefallen daran findet.« (Kapitel 31)

Trotz seiner eindringlichen Warnung vor den Waffen ist Lao Tse kein schwärmerischer oder unrealistischer Pazifist. Er sagt ja, »der Edle« solle nur gezwungen zur Waffe greifen. Und siegt er, ist dies für den Edlen kein Grund zur Freude: »Ein Sieg ist kein Grund für laute Freude; wer sich dennoch über einen Sieg freut, der hat auch Freude am Töten von Menschen. Wer Freude hat am Töten von Menschen, kann sein Ziel in der Welt nicht erreichen.« Und: »Ein Sieg im Krieg läßt sich mit einem Begräbnis vergleichen.« (Kapitel 31)
Allen taoistischen Philosophen ist der Respekt vor der Natur eigen. Gewaltsame Eingriffe in die natürlichen Vorgänge werden von ihnen abgelehnt. »Nicht viele Worte machen heißt natürlich sein.« (Kapitel 23) Und: »So weiß ich denn: Nicht wider die Natur handeln fördert der Dinge Gedeihen. Aber Belehrung ohne Worte, Handeln, doch nicht wider die Natur – gar

selten trifft man dergleichen in dieser Welt.« (Kapitel 43) Diese Mahnung wird im Tao-Te-King mehrmals wiederholt (Kapitel 63, 64). Die »Kultivierung« der Natur, ihre Verdinglichung beurteilen die Taoisten mit großer Skepsis. Tschuang Tse wurde einmal gefragt, was man mit einem »unnützen« Baum tun solle, der so knorrig und verwachsen war, daß man ihn nicht zu Nutzholz hätte zersägen können. Tschuang Tses Antwort: »Daß etwas keinen Nutzen hat: Was braucht man sich darüber zu bekümmern!« Es wird berichtet, die Leute hätten diesen Baum »Götterbaum« genannt.

Man kann nicht umhin, auch von den Mißverständnissen zu sprechen, die die Tao-Lehre heute auch im Westen erfährt. Das beginnt damit, daß in unseren Buchhandlungen und auch in Bibliotheken die Texte der taoistischen Philosophen nicht neben denen ihrer westlichen Kollegen stehen oder in der Sparte Religionswissenschaft. In der Regel werden sie immer noch bei der sogenannten esoterischen Literatur eingeordnet. Dies findet seine Erklärung in zwei Gründen: Zum einen stammt etwa die Hälfte zumindest der in den deutschsprachigen Ländern auf dem Markt befindlichen Tao-Te-King-Ausgaben aus Verlagen, die sich auf esoterische Literatur oder Absonderlichkeiten spezialisiert haben.

Der Weg zum Tao

Der andere Grund dafür, daß die taoistische Literatur immer noch auf Skepsis und auch auf Mißverständnisse stößt, hat mit der Verknüpfung der Tao-Lehre mit allen möglichen Themen zu tun. Um zu verdeutlichen, was gemeint ist, seien nur einmal die Titel zweier zurzeit viel gelesener Bücher genannt: *Capras* »Das Tao der Physik« und *Jolan Changs* »Das Tao der Liebe – Unterweisungen in altchinesischer Liebeskunst«. Es soll und kann gar nicht bestritten werden, daß in den beiden genannten Büchern wie in vielen anderen, die in den verschiedenen Sprachen erscheinen, in verantwortbarer Weise Verbindungen zwischen der Lehre vom Tao und zahlreichen Themen hergestellt werden. Dennoch wird man in derartigen Büchern in der Regel eher den eigenen Interpretationen der Tao-Lehre durch den jeweiligen Autor begegnen als Lao Tse, Tschuang Tse oder Liä Dsi.

Den Weg zum Tao sollte man also unter Begleitung dieser Alten Meister einschlagen. »Lao Tse« ist ja ein Ehrentitel und bedeutet »Alter Meister«. Und wie wohl jeder Versuch, sich dem Ursprung zu nähern, ist auch der Weg zum Tao und der Weg (= Tao) selbst anstrengend und mühselig. Lao Tse sagt dazu: »Der Weg, der aus dem Mund hervorgeht, ist ohne Würze; er ist

nicht zu sehen, er ist nicht zu hören, man schöpft aus ihm, doch er bleibt unerschöpflich.« (Kapitel 35)
Tao und Stille sind eines. Am Tao ist nichts Auffallendes, Sensationelles, Exotisches: »Ich versenke mich tief in die Stille.« (Kapitel 16) Was Lao Tse Tao nennt, ist »still und leer, und es steht allein und verändert sich nicht«. (Kapitel 25) Und er sagt weiter: »Stille und Ruhe bringen das ganze Reich ins rechte Maß zurück.« (Kapitel 45)
Auch Lao Tse ist als Sucher des Tao offenbar ein Einsam-Stiller gewesen. Bertolt Brecht läßt das in seinem ergreifenden Gedicht aus dem Jahr 1938 spüren (»Legende von der Entstehung des Buches Taoteking auf dem Weg des Lao Tse in die Emigration«). Und der bereits genannte Theologe Grill meint, daß sich Lao Tses Einsamkeit »als ein Stück seiner Macht erwiesen« habe. Grill schreibt dann 1910 weiter: »Es könnte sein, daß, weil er in seiner Zeit nicht ganz

verstanden worden ist, seine Zeit überhaupt erst im Kommen ist, daß er nicht ein Mann und ein Name der Vergangenheit ist, sondern eine Kraft der Gegenwart und Zukunft. Er ist moderner als die Modernen und lebendiger als viele Lebende.«

Lao Tse, dessen Name ›Alter Meister‹ bedeutet, war chinesischer Philosoph. Sein Leben und Werk ist nur legendenhaft und mit widersprüchlichen Angaben überliefert. Er soll um 600 v. Chr. im Süden (oder Norden...) des chinesischen Reiches geboren worden und Reichsbibliothekar (oder General...) gewesen sein. Im Alter zog er sich in die Einsamkeit zurück. Neuere Datierungsversuche siedeln seine Wirkungszeit im vierten oder dritten vorchristlichen Jahrhundert an.

Kleine Diogenes Taschenbücher

Die Bergpredigt
Aktuelle Texte aus dem Neuen Testament. Ausgewählt von Christian Strich. Vorwort von H.G. Wells

Albert Camus
Weder Opfer noch Henker. Über eine neue Weltordnung. Mit Beiträgen von Heinz Robert Schlette und Hans Mayer

Albert Einstein & Sigmund Freud
Warum Krieg? Ein Briefwechsel. Mit einem Essay von Isaac Asimov

Hermann Hesse
Gedichte. Ausgewählt von Christian Strich. Mit einem Essay des Autors über Gedichte. Mit einem Nachwort von Maria Nils

Hildegard von Bingen
Lieder. Lateinisch/deutsch. Ausgewählt von Silvia Sager. Vorwort von Walter Nigg

Franz Kafka
Brief an den Vater. Mit einem Vorwort von Max Brod

Immanuel Kant
Deines Lebens Sinn. Herausgegeben und mit einem Vorwort von Wolfgang Kraus

Lao Tse
Tao-Te-King. Mit einem Nachwort von Knut Walf

Mohammed
Die Stimme des Propheten
Herausgegeben und Vorwort von Wolfgang Kraus

Michel de Montaigne
Um recht zu leben. Aus den Essais. Mit einem Vorwort von Egon Friedell

Susanna Tamaro
Eine Kindheit. Erzählung

Henry David Thoreau
Über die Pflicht zum Ungehorsam gegen den Staat. Nachwort von Manfred Allié